NAME · NOM · NOMBRE
D- NAMEN I- NOMI P- NOME NL- NAMEN

Girl's Day Out!

DATE · DATE · FECHA
D- DATUM I- DATA P- DATA NL- DATUM

June 7

DETAILS · DÉTAILS · DETALLES
D- DETAILS I- DETTAGLI P- DETALHES NL- DETAILS

• Crystal clutch
• Patterned scarf
• Yellow dress

STYLED BY

STYLISTE · DISEÑADO POR

D- GESTYLT VON   I- PRODOTTO DA   P- ESTILISTA RESPONSÁVEL PELO DESENHO   NL- GESTILEERD DOOR

NAME · NOM · NOMBRE
D- NAMEN I- NOMI P- NOME NL- NAMEN

Back to 'Cool

DATE · DATE · FECHA
D- DATUM I- DATA P- DATA NL- DATUM

September 1st

DETAILS · DÉTAILS · DETALLES
D- DETAILS I- DETTAGLI P- DETALHES NL- DETAILS

• "All the feels"

• Mini backpack

• Feather skirt

1

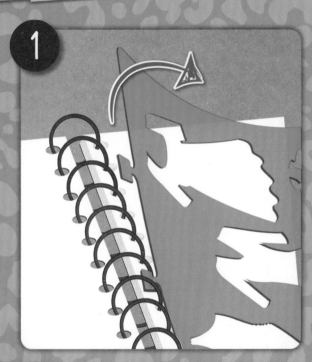

2

3

NAME · NOM · NOMBRE
D- NAMEN I- NOMI P- NOME NL- NAMEN

DATE · DATE · FECHA
D- DATUM I- DATA P- DATA NL- DATUM

DETAILS · DÉTAILS · DETALLES
D- DETAILS I- DETTAGLI P- DETALHES NL- DETAILS

GRL PWR   big mood   feelin'   you glow girl   Stay WEIRD

COOL

HELLO I'M

UNI CORN I DON'T CARE!

NAME · NOM · NOMBRE
D- NAMEN I- NOMI P- NOME NL- NAMEN

Summer Fun!

DATE · DATE · FECHA
D- DATUM I- DATA P- DATA NL- DATUM

July 27

DETAILS · DÉTAILS · DETALLES
D- DETAILS I- DETTAGLI P- DETALHES NL- DETAILS

• Floral Sundress
• Cute Sunnies
• Fruit Purse

SWATCHES

ÉCHANTILLONS · MUESTRAS DE TELAS

D- MUSTER   I- CAMPIONI   P- PADRÕES   NL- STALEN

SWATCHES

ÉCHANTILLONS · MUESTRAS DE TELAS

D- MUSTER   I- CAMPIONI   P- PADRÕES   NL- STALEN

DETAILS

DESIGN YOUR ACCESSORIES

CRÉE TES ACCESSOIRES · DISEÑA TUS ACCESORIOS

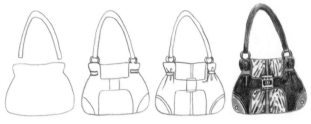

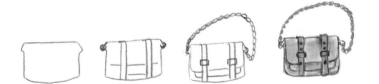

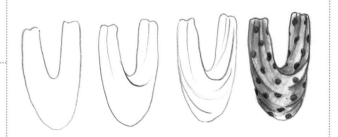

COLOR THEORY

THÉORIE DES COULEURS

TEORÍA SOBRE LOS COLORES

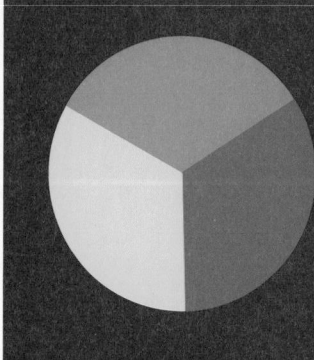

PRIMARY COLOR WHEEL
F- LA ROUE DES COULEURS PRIMAIRES
E- CÍRCULO CROMÁTICO PRIMARIO
D- FARBKREIS – PRIMÄRFARBEN
I- RUOTA DEI COLORI PRIMARI
P- RODAS DAS CORES PRIMÁRIAS
NL- PRIMAIRE KLEUREN

SECONDARY COLOR WHEEL
F- LA ROUE DES COULEURS SECONDAIRES
E- CÍRCULO CROMÁTICO SECUNDARIO
D- FARBKREIS - SEKUNDÄRFARBEN
I- RUOTA DEI COLORI SECONDARI
P- RODAS DAS CORES SECUNDÁRIAS
NL- SECUNDAIRE KLEUREN

TERTIARY COLOR WHEEL
F- LA ROUE DES COULEURS TERTIAIRES
E- CÍRCULO CROMÁTICO TERCIARIO
D- FARBKREIS - TERTIÄRFARBEN
I- RUOTA DEI COLORI TERZIARI
P- RODAS DAS CORES TERCIÁRIAS
NL- TERTIAIRE KLEUREN

COMPLEMENTARY COLORS
F- LES COULEURS COMPLÉMENTAIRES
E- COLORES COMPLEMENTARIOS
D- KOMPLEMENTÄRFARBEN
I- COLORI COMPLEMENTARI
P- CORES COMPLEMENTARES
NL- COMPLEMENTAIRE KLEUREN

ANALOGOUS COLORS
F- LES COULEURS VOISINES
E- COLORES ANÁLOGOS
D- ANALOGE FARBEN
I- COLORI ANALOGHII
P- CORES ANÁLOGAS
NL- ANALOGE KLEUREN

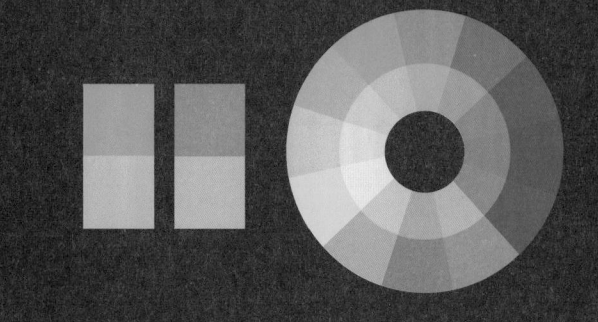

TINTS
F- LES TEINTES
E- TONOS
D- FARBTON
I- TINTE
P- TONS
NL- PASTEL TINTEN

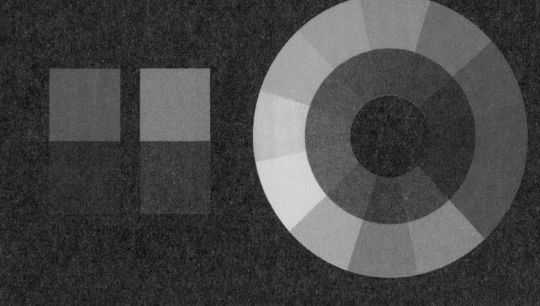

SHADES
F- LES NUANCES
E- MATICES
D- SCHATTIERUNGEN
I- TONALITÀ
P- TSOMBREADOS
NL- SCHAKERINGEN

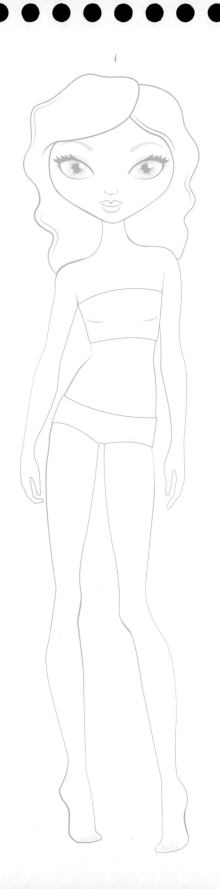

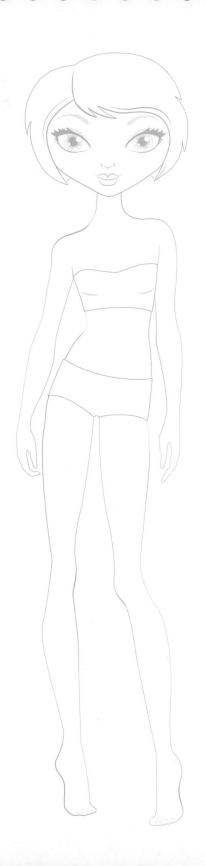

NAME · NOM · NOMBRE
D- NAMEN I- NOMI P- NOME NL- NAMEN

DATE · DATE · FECHA
D- DATUM I- DATA P- DATA NL- DATUM

DETAILS · DÉTAILS · DETALLES
D- DETAILS I- DETTAGLI P- DETALHES NL- DETAILS

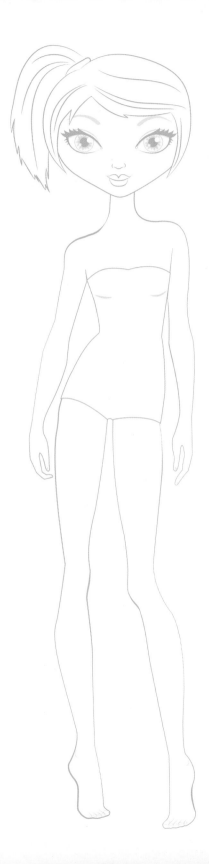

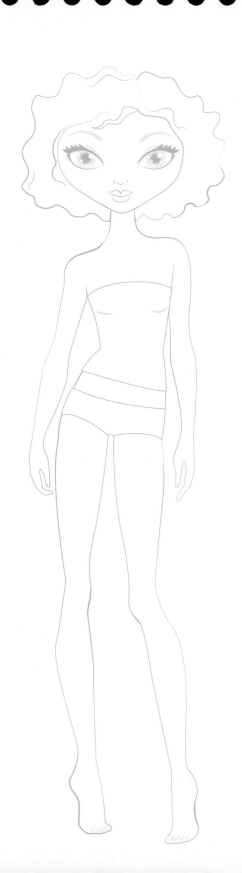

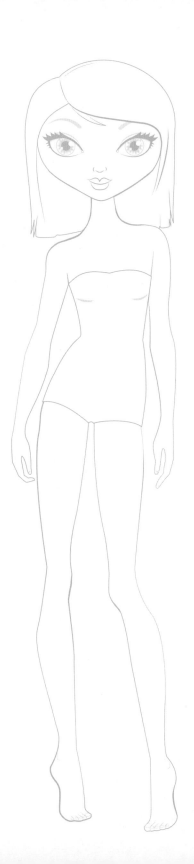

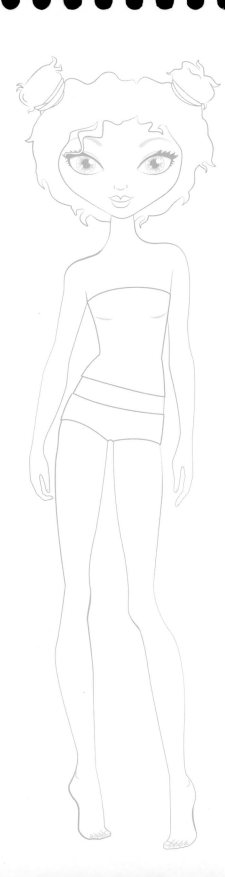

NAME · NOM · NOMBRE
D- NAMEN I- NOMI P- NOME NL- NAMEN

DATE · DATE · FECHA
D- DATUM I- DATA P- DATA NL- DATUM

DETAILS · DÉTAILS · DETALLES
D- DETAILS I- DETTAGLI P- DETALHES NL- DETAILS

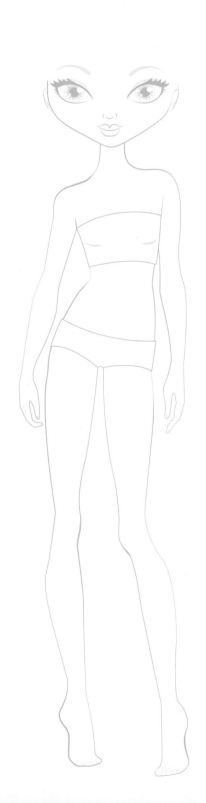
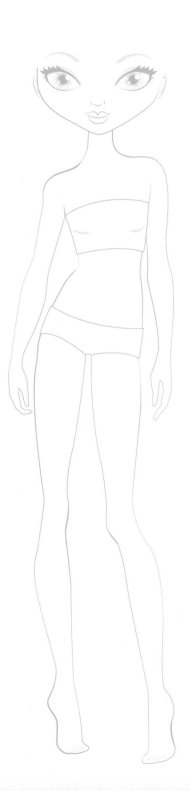

NAME · NOM · NOMBRE
D- NAMEN I- NOMI P- NOME NL- NAMEN

DATE · DATE · FECHA
D- DATUM I- DATA P- DATA NL- DATUM

DETAILS · DÉTAILS · DETALLES
D- DETAILS I- DETTAGLI P- DETALHES NL- DETAILS

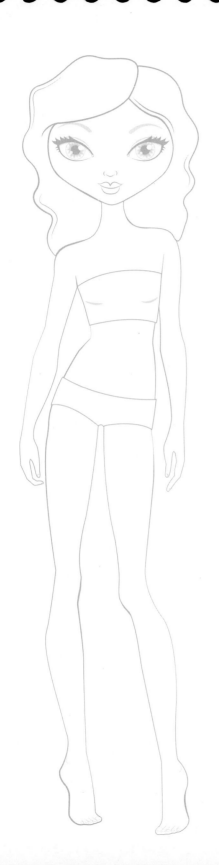

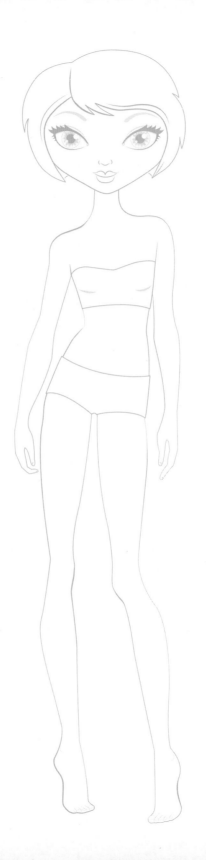

NAME · NOM · NOMBRE
D- NAMEN I- NOMI P- NOME NL- NAMEN

DATE · DATE · FECHA
D- DATUM I- DATA P- DATA NL- DATUM

DETAILS · DÉTAILS · DETALLES
D- DETAILS I- DETTAGLI P- DETALHES NL- DETAILS

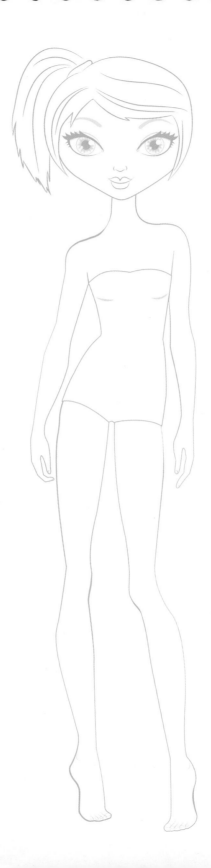

NAME · NOM · NOMBRE
D- NAMEN I- NOMI P- NOME NL- NAMEN

DATE · DATE · FECHA
D- DATUM I- DATA P- DATA NL- DATUM

DETAILS · DÉTAILS · DETALLES
D- DETAILS I- DETTAGLI P- DETALHES NL- DETAILS

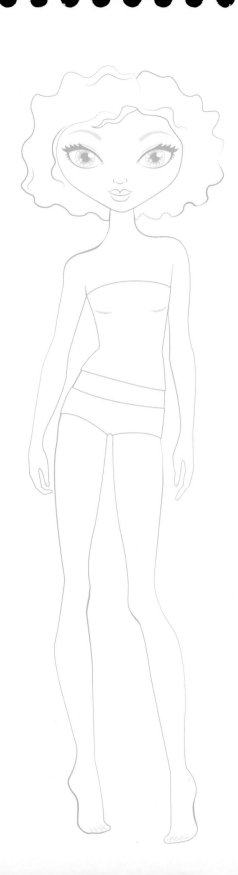

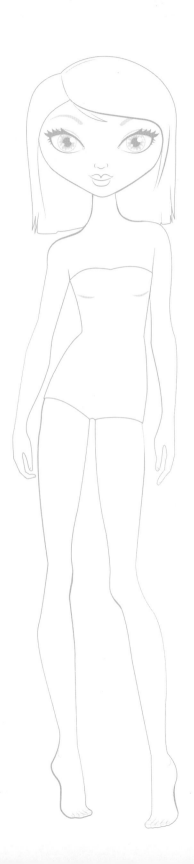

NAME · NOM · NOMBRE
D- NAMEN I- NOMI P- NOME NL- NAMEN

DATE · DATE · FECHA
D- DATUM I- DATA P- DATA NL- DATUM

DETAILS · DÉTAILS · DETALLES
D- DETAILS I- DETTAGLI P- DETALHES NL- DETAILS

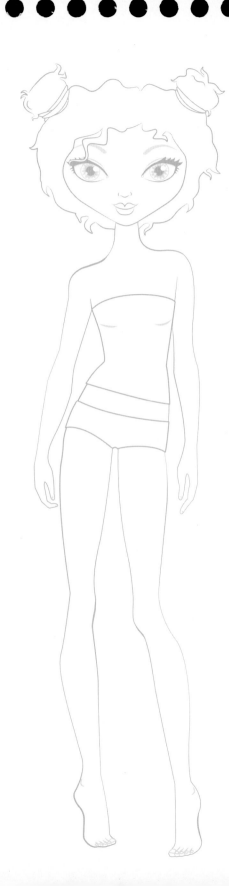

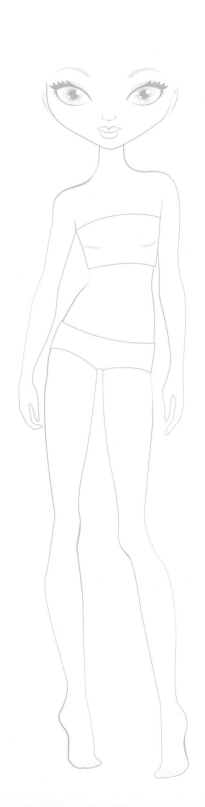
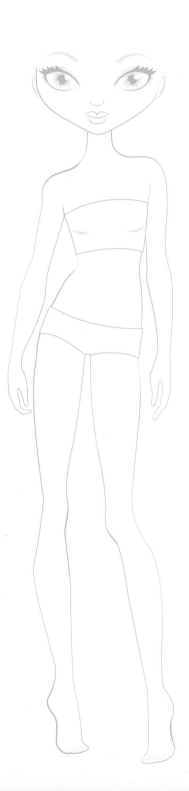

NAME · NOM · NOMBRE
D- NAMEN I- NOMI P- NOME NL- NAMEN
_____

DATE · DATE · FECHA
D- DATUM I- DATA P- DATA NL- DATUM
_____

DETAILS · DÉTAILS · DETALLES
D- DETAILS I- DETTAGLI P- DETALHES NL- DETAILS
_____
_____
_____

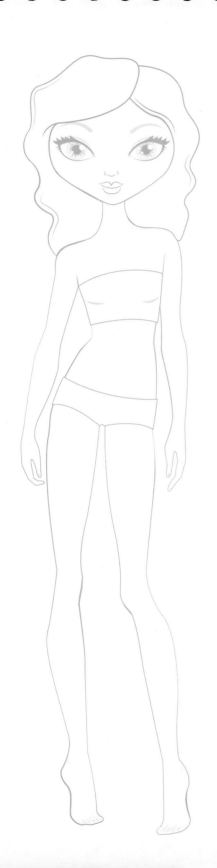

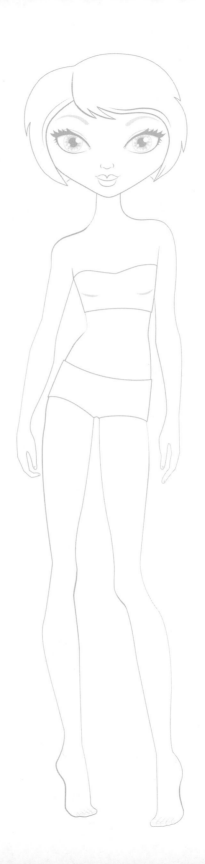

NAME · NOM · NOMBRE
D- NAMEN I- NOMI P- NOME NL- NAMEN

DATE · DATE · FECHA
D- DATUM I- DATA P- DATA NL- DATUM

DETAILS · DÉTAILS · DETALLES
D- DETAILS I- DETTAGLI P- DETALHES NL- DETAILS

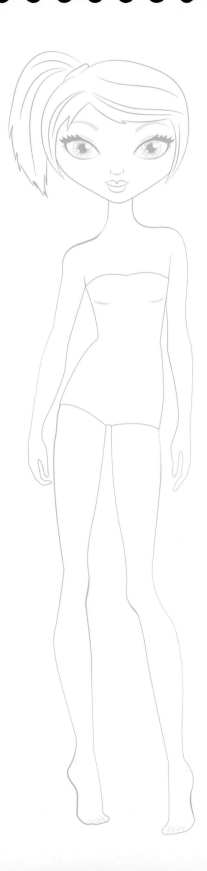

NAME · NOM · NOMBRE
D- NAMEN I- NOMI P- NOME NL- NAMEN

DATE · DATE · FECHA
D- DATUM I- DATA P- DATA NL- DATUM

DETAILS · DÉTAILS · DETALLES
D- DETAILS I- DETTAGLI P- DETALHES NL- DETAILS

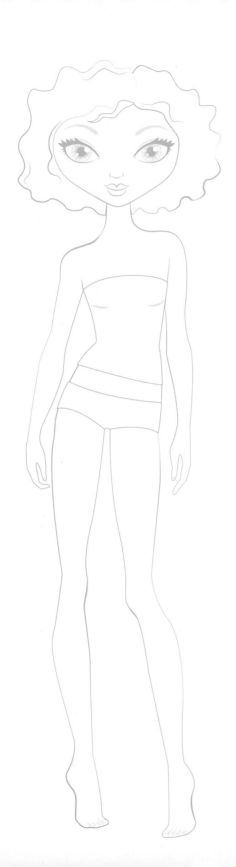

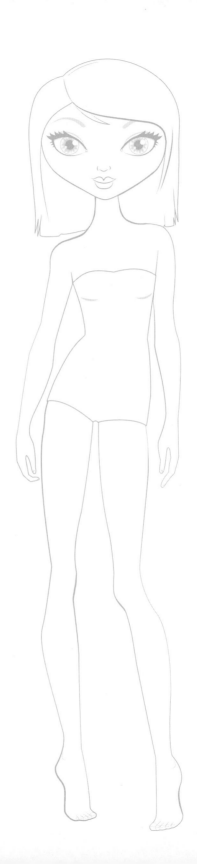

NAME · NOM · NOMBRE
D- NAMEN I- NOMI P- NOME NL- NAMEN

DATE · DATE · FECHA
D- DATUM I- DATA P- DATA NL- DATUM

DETAILS · DÉTAILS · DETALLES
D- DETAILS I- DETTAGLI P- DETALHES NL- DETAILS

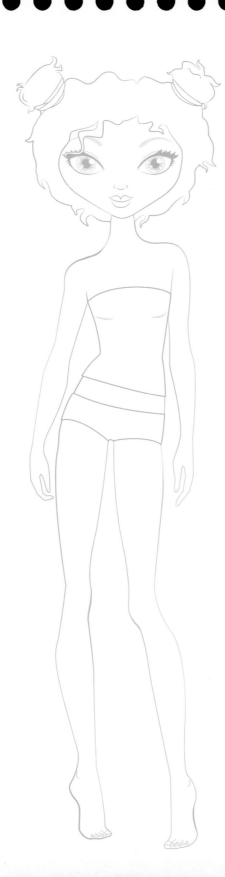

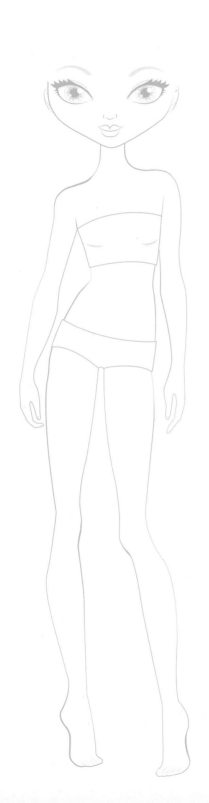
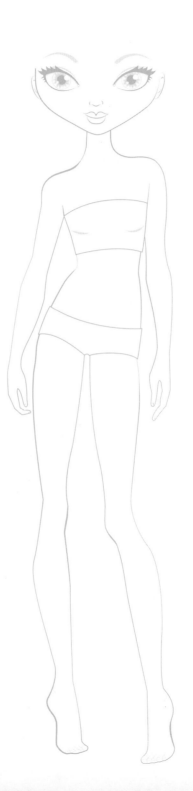

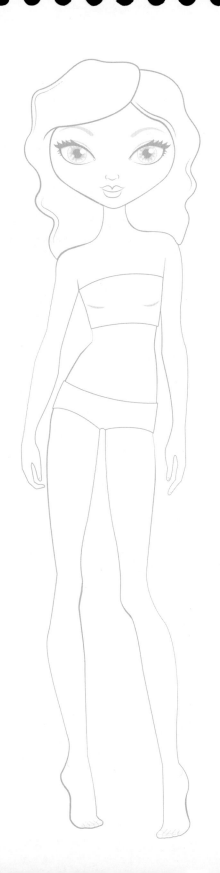
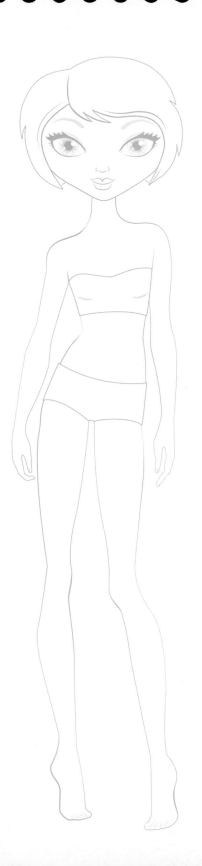

NAME · NOM · NOMBRE
D- NAMEN I- NOMI P- NOME NL- NAMEN

DATE · DATE · FECHA
D- DATUM I- DATA P- DATA NL- DATUM

DETAILS · DÉTAILS · DETALLES
D- DETAILS I- DETTAGLI P- DETALHES NL- DETAILS

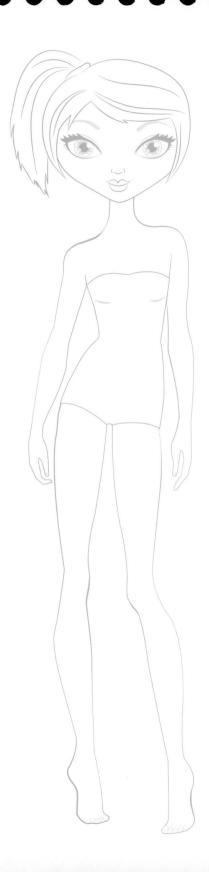

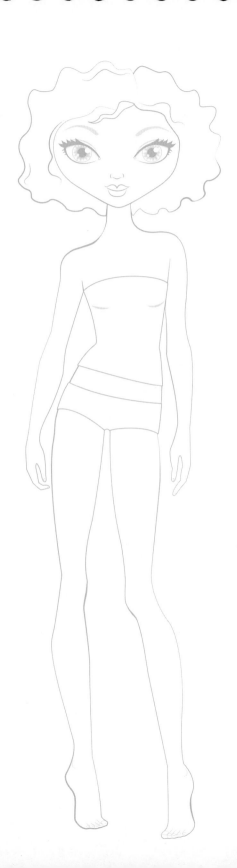
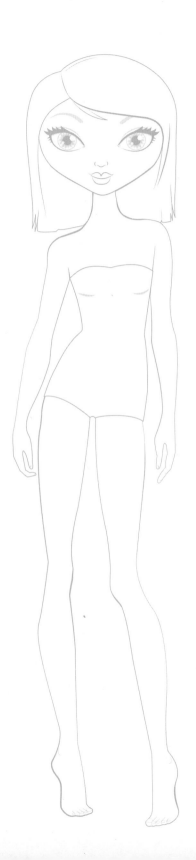

NAME · NOM · NOMBRE
D- NAMEN I- NOMI P- NOME NL- NAMEN

DATE · DATE · FECHA
D- DATUM I- DATA P- DATA NL- DATUM

DETAILS · DÉTAILS · DETALLES
D- DETAILS I- DETTAGLI P- DETALHES NL- DETAILS

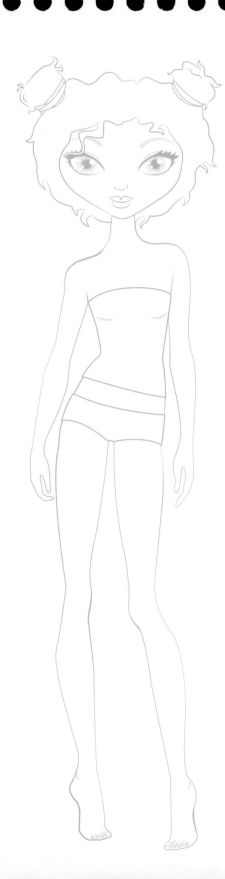

NAME · NOM · NOMBRE
D- NAMEN I- NOMI P- NOME NL- NAMEN

DATE · DATE · FECHA
D- DATUM I- DATA P- DATA NL- DATUM

DETAILS · DÉTAILS · DETALLES
D- DETAILS I- DETTAGLI P- DETALHES NL- DETAILS

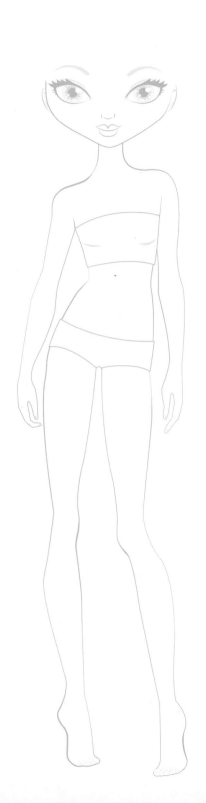

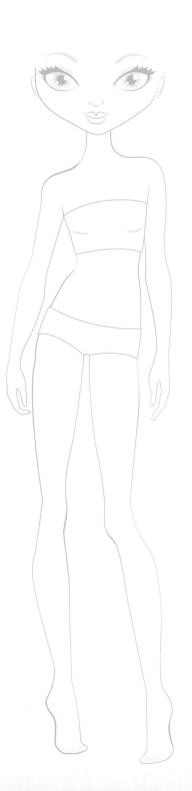

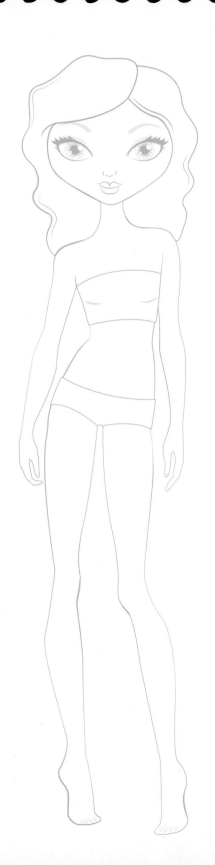

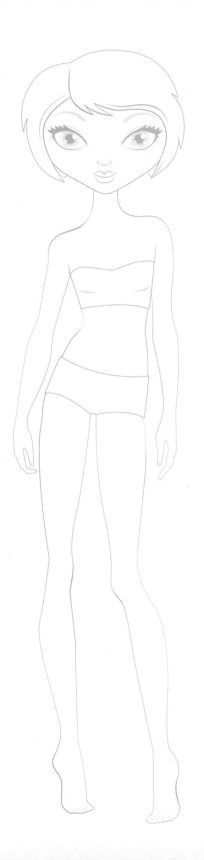

NAME · NOM · NOMBRE
D- NAMEN   I- NOMI   P- NOME   NL- NAMEN

DATE · DATE · FECHA
D- DATUM   I- DATA   P- DATA   NL- DATUM

DETAILS · DÉTAILS · DETALLES
D- DETAILS   I- DETTAGLI   P- DETALHES   NL- DETAILS

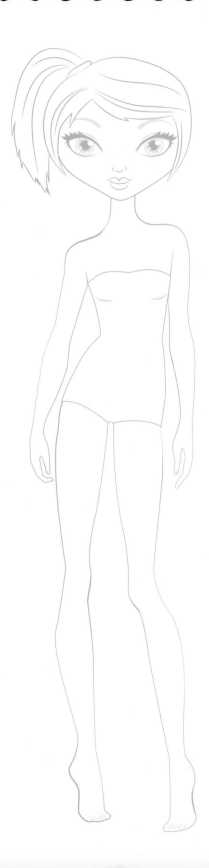

NAME · NOM · NOMBRE
D- NAMEN I- NOMI P- NOME NL- NAMEN

DATE · DATE · FECHA
D- DATUM I- DATA P- DATA NL- DATUM

DETAILS · DÉTAILS · DETALLES
D- DETAILS I- DETTAGLI P- DETALHES NL- DETAILS

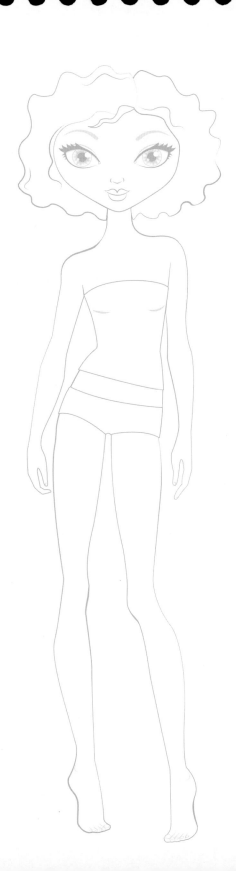

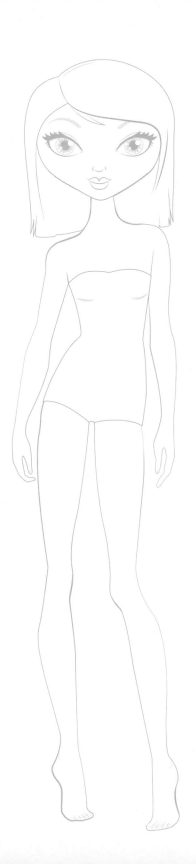

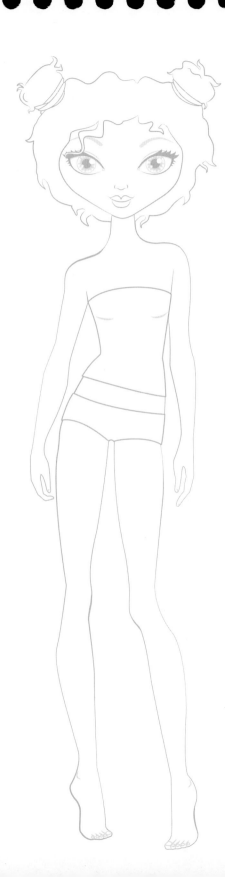

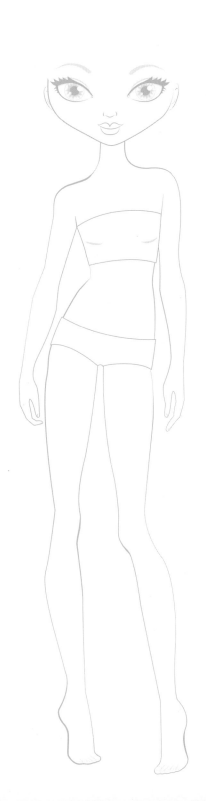
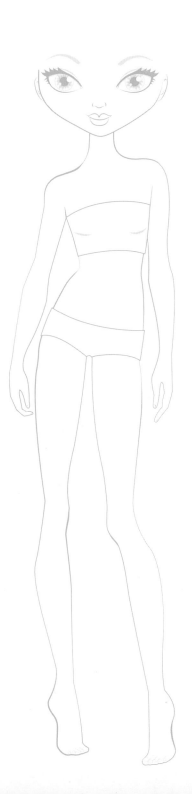

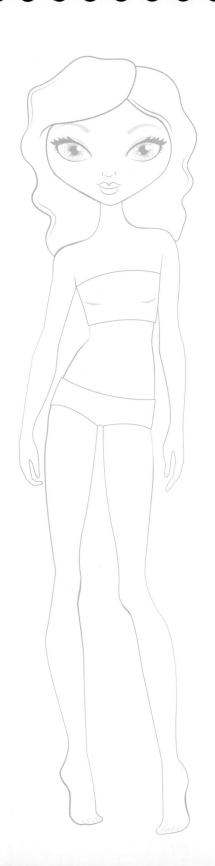
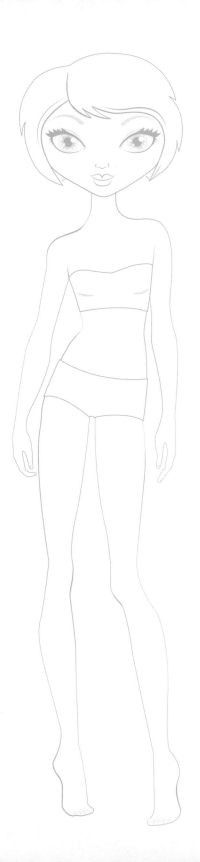

NAME · NOM · NOMBRE
D- NAMEN I- NOMI P- NOME NL- NAMEN

DATE · DATE · FECHA
D- DATUM I- DATA P- DATA NL- DATUM

DETAILS · DÉTAILS · DETALLES
D- DETAILS I- DETTAGLI P- DETALHES NL- DETAILS

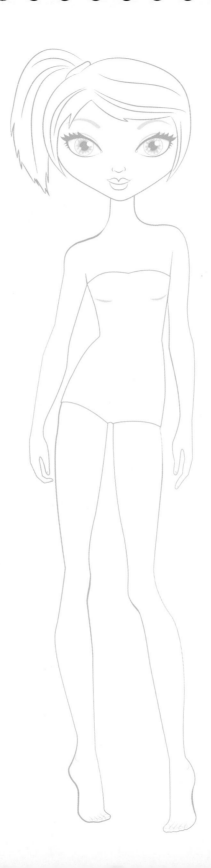

NAME · NOM · NOMBRE
D- NAMEN I- NOMI P- NOME NL- NAMEN

DATE · DATE · FECHA
D- DATUM I- DATA P- DATA NL- DATUM

DETAILS · DÉTAILS · DETALLES
D- DETAILS I- DETTAGLI P- DETALHES NL- DETAILS

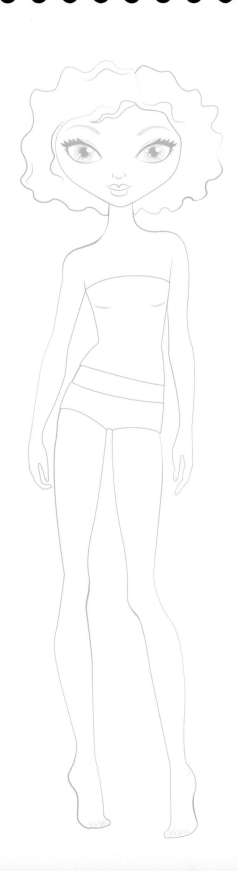

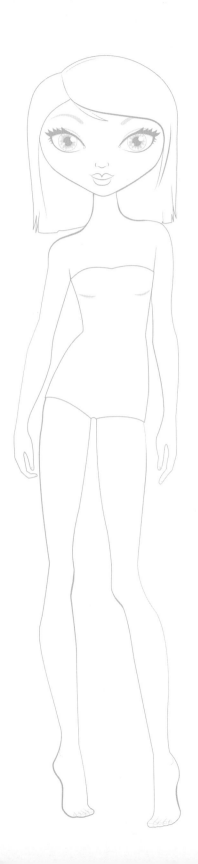

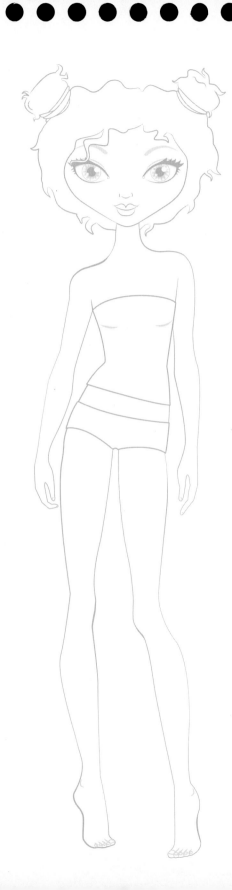

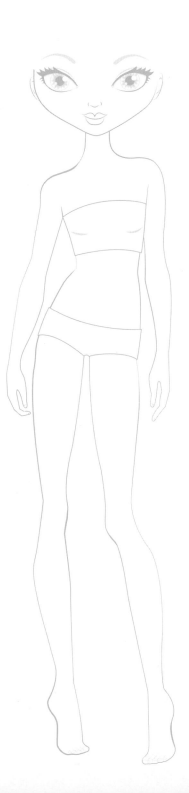

NAME · NOM · NOMBRE
D- NAMEN I- NOMI P- NOME NL- NAMEN

DATE · DATE · FECHA
D- DATUM I- DATA P- DATA NL- DATUM

DETAILS · DÉTAILS · DETALLES
D- DETAILS I- DETTAGLI P- DETALHES NL- DETAILS

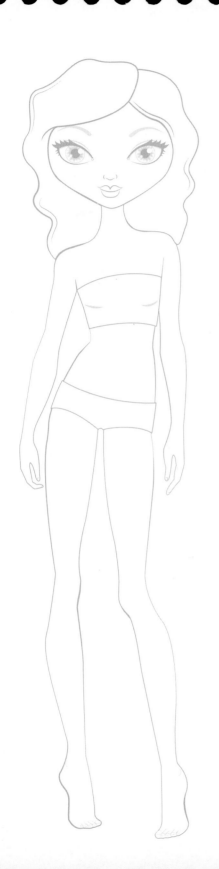

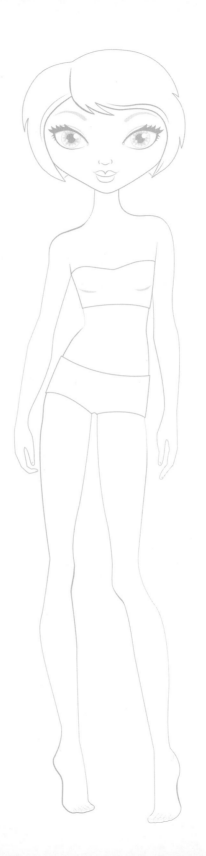

NAME · NOM · NOMBRE
D- NAMEN I- NOMI P- NOME NL- NAMEN

DATE · DATE · FECHA
D- DATUM I- DATA P- DATA NL- DATUM

DETAILS · DÉTAILS · DETALLES
D- DETAILS I- DETTAGLI P- DETALHES NL- DETAILS

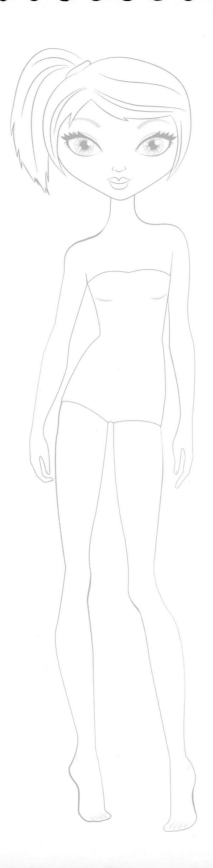

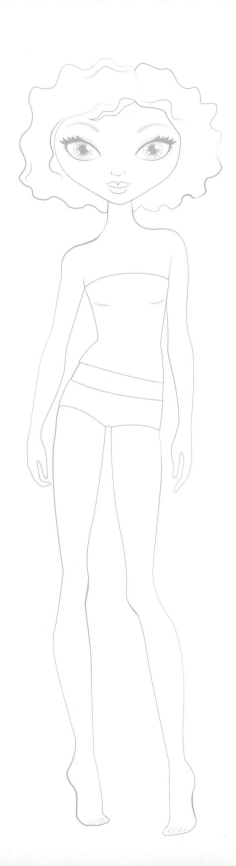

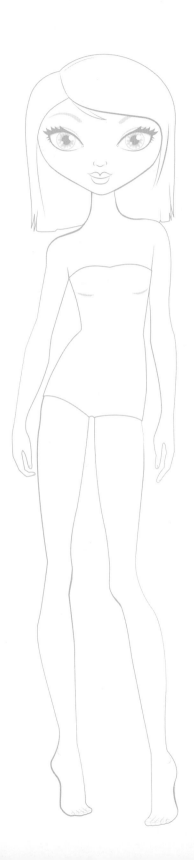

NAME · NOM · NOMBRE
D- NAMEN I- NOMI P- NOME NL- NAMEN

DATE · DATE · FECHA
D- DATUM I- DATA P- DATA NL- DATUM

DETAILS · DÉTAILS · DETALLES
D- DETAILS I- DETTAGLI P- DETALHES NL- DETAILS

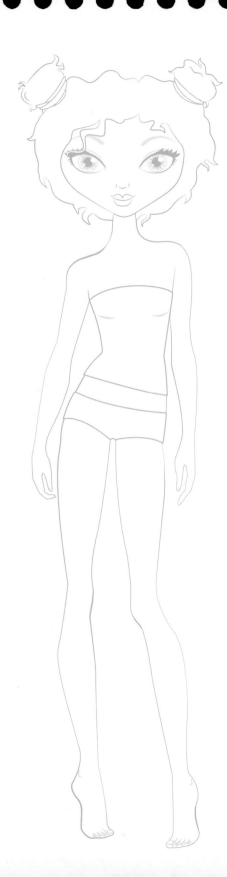

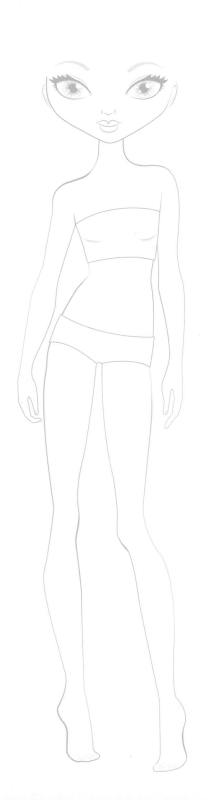
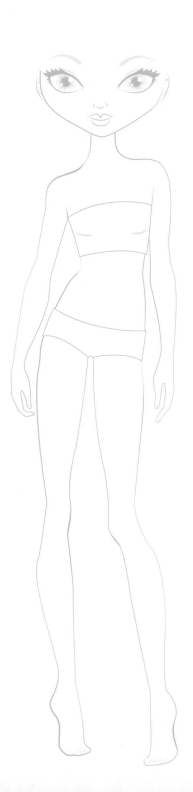

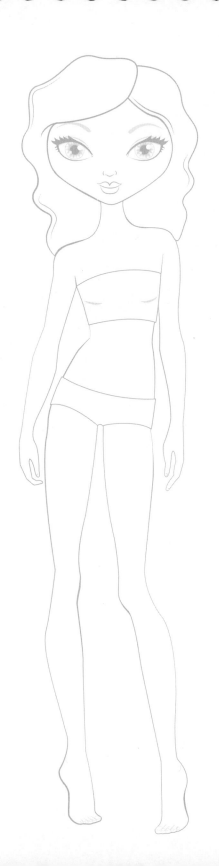
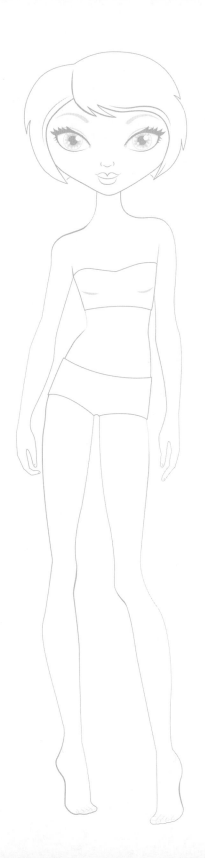

NAME · NOM · NOMBRE
D- NAMEN I- NOMI P- NOME NL- NAMEN

DATE · DATE · FECHA
D- DATUM I- DATA P- DATA NL- DATUM

DETAILS · DÉTAILS · DETALLES
D- DETAILS I- DETTAGLI P- DETALHES NL- DETAILS

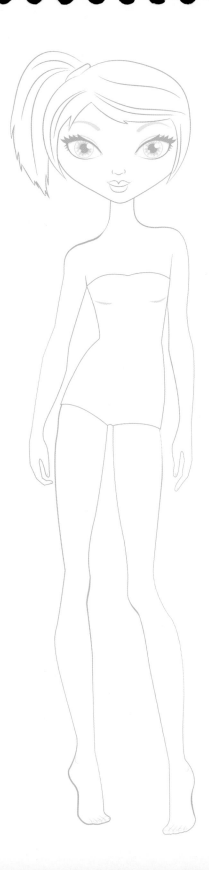

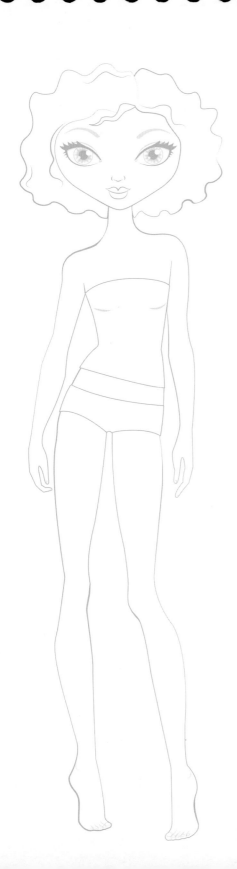

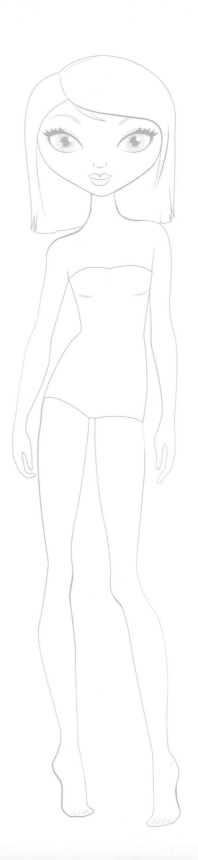

NAME · NOM · NOMBRE
D- NAMEN I- NOMI P- NOME NL- NAMEN

DATE · DATE · FECHA
D- DATUM I- DATA P- DATA NL- DATUM

DETAILS · DÉTAILS · DETALLES
D- DETAILS I- DETTAGLI P- DETALHES NL- DETAILS

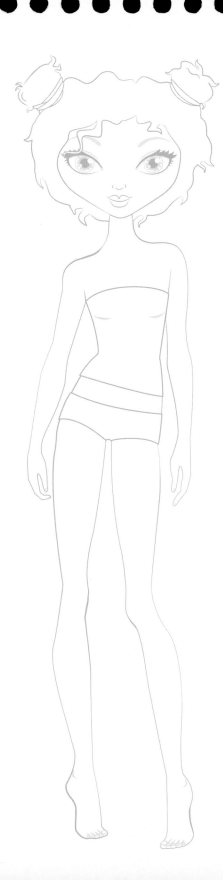

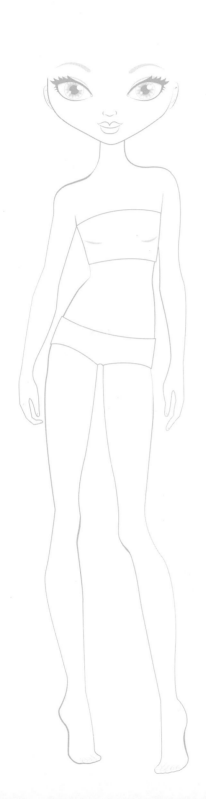
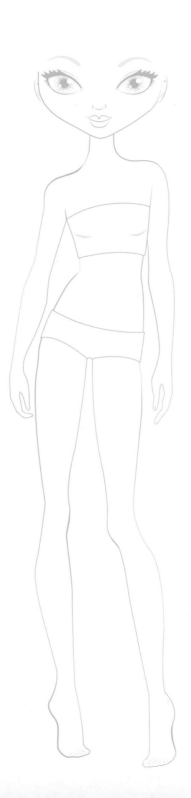